Publications des *Amis de la justice.*

LE DROIT

DU

TRAVAILLEUR

SANS DOMICILE

AU SUFFRAGE UNIVERSEL

Par L.-P. RICHE GARDON

Auteur du *Traité des Devoirs de l'Homme et du Citoyen.*

« Le mot *ordre* signifie *justice,* ou il n'est qu'un
« odieux mensonge. »

Troisième édition.

Paris

A LA PROPAGANDE, LIBRAIRIE DE BALLARD,

1, RUE DES BONS-ENFANTS, 1.

MICHEL et JOUBERT, éditeurs, r. St-André-des-Arts, 27.

1850

AVERTISSEMENT.

La preuve de chaque assertion importante, et l'explication de chaque point de doctrine, présentés dans cet opuscule, trouvent leur développement complet dans l'ouvrage qui vient d'être publié par la même société sous ce titre : TRAITÉ DES DEVOIRS DE L'HOMME ET DU CITOYEN. (Voir au verso de la couverture.) Chaque fois que l'on trouvera dans cet opuscule la lettre T., placée entre deux parenthèses et suivie de chiffres, c'est un renvoi aux explications données dans le TRAITÉ DES DEVOIRS aux pages indiquées par les chiffres qui suivent la lettre T.

L'habitant des campagnes subsiste par la consommation des villes. Dans les villes, les simples travailleurs sont les neuf dixièmes de la population (1). S'ils ne gagnent pas suffisamment, ils ne peuvent dépenser pour se nourrir et se vêtir convenablement : dès lors, la viande, le vin, la laine, la soie, le beurre, les œufs, les légumes, etc., restent sans valeur au marché, parce que la consommation générale manque à l'agriculture. Ce n'est pas l'opulence d'un petit nombre qui peut venir en aide à l'industrie agricole ; au contraire, cette opulence ruine l'agriculteur si elle s'acquiert aux dépens des droits de la propriété du travail : car dix bouches consommeront toujours plus qu'une seule ; et le travailleur aime autant que le riche à se bien traiter, quand il en a les moyens. Si l'opulence nourrit un personnel de serviteurs, ce personnel consommerait également s'il était occupé dans l'industrie au lieu de remplir des fonctions, trop souvent subversives (T., III, 100-106). D'autre part, quand la population agricole gagne, elle aime à s'instruire, à se bien vêtir, à se meubler ; elle fait prospérer l'industrie des villes. En un mot, quand la consommation générale a son cours, l'industrie nationale tout entière est en prospérité. Nul ne se récrie alors contre le prix des objets.

(1) Est simple travailleur, quiconque subsiste par le fruit de son travail plus que par le revenu de son capital d'argent.

LE

DROIT DU TRAVAILLEUR

SANS DOMICILE

AU SUFFRAGE UNIVERSEL.

Les travaux de l'école républicaine ont suffisamment établi les garanties précieuses assurées à la nation entière par le suffrage universel.

Sous la monarchie, les émeutes, les conspirations, les sociétés secrètes, avaient pour complices plus ou moins directs la plupart de ceux qui étaient privés du droit d'élire. Aussi l'émeute en permanence était le cauchemar des familles. L'art de préparer les émeutes, celui de les prévenir et de les dominer, telle fut la préoccupation constante des partis et du pouvoir jusqu'à la révolution de Février. Aujourd'hui, malgré les provocations de tous genres, effet de l'entraînement des partisans des priviléges, la masse est toujours pour la défense de l'ordre constitutionnel. Et pourquoi? Parce que cet ordre politique a été dicté par une pensée de justice sociale; parce qu'il promet l'équitable satisfaction des droits de tous; parce qu'il est l'œuvre de chacun : parce que si le peuple souffre encore injustement à tant d'égards, il sait que ses souffrances ne seront pas perpétuées par les entraînements inévitables d'une classe privilégiée ; il sait que chaque année, chacun peut apporter un effort efficace en vue de l'amélioration du sort de tous : voilà pourquoi l'ordre fondé par le suffrage universel est impossible à troubler dès que le peuple a pu le comprendre.

Il ne s'agit donc point aujourd'hui de défendre le suffrage universel : les monarchistes éclairés le déclarent eux-mêmes indispensable à la sécurité publique. Il s'agit seulement de faire apprécier les moyens détournés à l'aide desquels l'esprit de privilége, en industrie comme en politique, voudrait paralyser l'exercice de ce suffrage.

Après avoir traité la question au point de vue de la légalité, nous examinerons si les principes de justice sociale et les nécessités de l'industrie ne proclament pas aujourd'hui le respect le plus absolu du suffrage universel ; enfin, si la question ne se résout pas par un de ces deux mots : ÉQUITÉ OU INIQUITÉ SOCIALE !

POINT DE VUE DE LA LÉGALITÉ.

La Constitution dit :

« Art. 24 : le suffrage est direct *et universel*...

« Art. 25 : sont électeurs, sans condition de cens, tous les Français âgés de vingt-et-un ans et jouissant de leurs droits civils et politiques. »

Le suffrage universel ne comporte donc d'exceptions que

pour ceux qui sont privés de leurs droits civils ou politiques, que pour les *indignités* prononcées par les lois! En dehors de ces indignités, tous les citoyens ont le droit d'élire : hors de cette règle le suffrage universel n'existe plus!... Toute restriction partielle constituerait un privilége et renverserait ainsi le principe de justice qui est l'âme de la Constitution. Tout cela est si évident, qu'il semble impossible qu'une discussion puisse s'établir sur ce point capital. Voici comment les adversaires de la République prétendent expliquer leur perfide restriction.

L'art 27 de la Constitution laisse à la loi électorale le soin de préciser les indignités qui pourront entraîner la perte du droit d'élire; cet article est ainsi conçu: « La loi électorale déterminera les causes qui peuvent priver un citoyen du droit d'élire et d'être élu. »

L'art. 3 de la loi électorale est celui qui prononce les *indignités* prévues par la Constitution. L'art. 41 de la même loi prévoit les cas ou le droit d'élire pourra être *suspendu*. Et c'est en vain que dans ces deux articles on chercherait une mention du domicile. Ils traitent cependant de toutes les indignités et de toutes les causes qui peuvent rendre inhabiles à élire. Mais le législateur ne pouvait avoir la pensée de déclarer le manque de domicile légal un cas d'indignité. Nombre de ceux qui ont un domicile légal sont dans le cas d'indignité; et un très-grand nombre de ceux qui n'ont pas ce domicile sont très-dignes d'exercer le droit de suffrage; tels sont les faits établis par la pratique; tel est l'esprit et la lettre précise de la Constitution : nous l'avons rappelé plus haut.

Mais alors, direz-vous, comment pourrait-on restreindre le droit d'élire, par une exigence de domicile ? Est-ce qu'on aurait la prétention de déclarer en état d'indignité tout citoyen qui aurait cessé d'habiter sa commune, jusqu'à ce qu'il ait passé dans sa nouvelle habitation le temps exigé pour avoir un domicile électoral?... Si, par exemple, ce temps était fixé à une année, il pourrait y avoir en permanence un chiffre énorme de citoyens déclarés en état d'indignité! Une telle prétention serait encore plus ridicule qu'odieuse. Elle le serait à un tel degré qu'il semble impossible que l'on puisse s'y arrêter sérieusement. — Cependant les chefs des anciens partis, et plus encore, dit-on, songent à faire convertir cette étrange prétention en projet de loi.

Examinons le merveilleux prétexte à l'aide duquel on voudrait expliquer cette prétention!

L'article 2 de la loi électorale dit que le maire portera chaque année sur les listes « les Français âgés de vingt-et-un ans accomplis, jouissant de leurs droits civils et politiques et habitant dans la commune depuis six mois au moins. » Les adversaires du suffrage universel nous disent : Puisque la loi électorale a pu exiger six mois d'habitation dans la commune, pourquoi n'exigerait-elle pas une année et même davantage ? Après avoir exprimé cette prétendue objection, ils battent des mains et se croient les plus grands politiques du monde ; ils croient déjà avoir mis la République dans leur sac à malice. Voici comment leur objection n'est pas même spécieuse.

Le législateur avait à prévenir la fraude qui consiste à se faire inscrire et à voter dans plusieurs communes.

Exiger une résidence de six mois, c'est un moyen sûr de prévenir de telles fraudes. — Les listes étant révisées chaque année, il est toujours possible à chacun de s'arranger pour que les six mois de résidence ne soient pas un obstacle à l'exercice du suffrage, d'autant plus que l'esprit de la loi électorale, fidèle à l'esprit de la Constitution, *réserve le droit de voter à la commune du dernier domicile* jusqu'à ce que l'on ait pu être inscrit dans la nouvelle. Le législateur a voulu ainsi prévenir le cas où toute question relative au domicile pourrait gêner l'exercice du droit d'élire.

Dès lors, les garanties d'ordre sont acquises sans préjudicier ni à la lettre ni à l'esprit de la Constitution : voilà comment le domicile de six mois a pu être prescrit. Mais porter la résidence à neuf, à huit et même à sept mois, serait changer toutes les conditions du droit d'élire par l'exigence d'un terme de plus d'habitation dans la commune ; ce serait alors rendre impossible l'application de l'article 24 de la Constitution qui dit : « Sont électeurs, *sans condition de cens*, tous les Français âgés de vingt-et-un ans, et jouissant de tous leurs droits civils et politiques. » Porter le domicile à plus de six mois, ce serait, nous l'avons démontré, déclarer en état d'indignité permanente un nombre considérable de citoyens, puisque la Constitution ne prononce de restriction que pour le cas d'indignité ! Cette interprétation si claire et si formelle de la loi, peut d'autant moins être méconnue en 1850, par nos adversaires, qu'ils l'ont proclamée eux-mêmes en 1849, et qu'elle a eu pour sanction *différents arrêts de la Cour de cassation !*

Par sa circulaire électorale de 1849, le citoyen BERGER, PRÉFET DE LA SEINE, rappelle aux municipalités, qu'aux termes des arrêts de la Cour de cassation, et conformément aux instructions du ministre de l'intérieur (qui se trouve être M. LÉON FAUCHER !) le citoyen NE PEUT JAMAIS ÊTRE PRIVÉ DU DROIT D'ÉLIRE par suite de circonstances se rattachant au domicile. Qu'en conséquence les électeurs qui n'ont pas encore six mois de domicile dans leur nouvelle commune pourront voter dans celle qu'ils habitaient antérieurement!

Lorsque la Cour de cassation, le ministère et l'autorité administrative ont été d'accord avec le pouvoir législatif, pour proclamer la justice de ces principes en 1849, pourront-ils les fouler aux pieds en 1850! Tel est cependant le spectacle auquel le monde civilisé serait dit-on convié : et c'est en France qu'un tel fait devrait s'accomplir ; on nous permettra de renvoyer de telles assertions à la chronique du *Charivari* ou du *Journal pour rire !*

Nous nous bornons à dire en résumé :

Exiger plus de six mois de résidence ou faire dépendre le domicile électoral d'aucune condition restrictive du droit d'élire, ce ne serait rien de moins que détruire le suffrage universel, puisque ce serait l'interdire à un nombre considérable de citoyens, et à ceux qui travaillent le plus péniblement! ce serait renier les principes consacrés jusqu'à hier! ce serait enfin fouler aux pieds le principe qui est l'âme de la Constitution ! aucune violation plus directe, plus radicale, plus générale, ne pourrait en être faite que par l'abolition même du pacte constitutionnel.

POINT DE VUE DU DROIT SOCIAL.

DROITS DU SIMPLE TRAVAILLEUR.

Après avoir examiné la question au point de vue de la légalité, nous avons à éclairer l'opinion sur la valeur du domicile en droit social et politique. C'est là qu'est le fond de la question, puisque ce sont des garanties politiques et sociales que l'on prétend chercher dans l'extension des exigences attachées au domicile. Que doivent être ces garanties? est-ce le domicile ou le travail qui les apporte ? Est-ce le domicile ou le travail qui constitue le droit d'élire les législateurs ? Voilà ce qu'il importe d'examiner et ce qu'on n'a jamais recherché sérieusement. Cependant le devoir et le droit, la raison de justice ou d'ordre, ne sont pas ailleurs.

La première règle du droit social ou national est celle-ci :

Quiconque exerce des droits sans pratiquer les devoirs qui y correspondent commet un délit social : il exploite la société aux dépens de tous !!! C'est le rôle des privilégiés. Et quiconque pratique les devoirs qui correspondent à un droit doit exercer ce droit, ou bien il est opprimé ! et l'oppression d'un seul citoyen est un attentat contre la nation entière; car c'est la nation qui est opprimée dans un de ses membres !

Le premier devoir social consiste à produire *par soi-même* plus que l'on ne consomme : c'est de la pratique de ce devoir que dépendent l'ordre moral et le bien-être de tous; car la misère engendre l'ignorance, et l'ignorance engendre la corruption.

Quiconque produit *par lui-même* plus qu'il ne consomme est infiniment plus utile à la société qu'un riche oisif qui vit du revenu de ses capitaux par le travail d'autrui; car le capital-argent est de la simple matière qui resterait de nulle valeur sans le travail humain ! Le *travail humain*, voilà le premier capital de la société : c'est celui qui lui est fourni directement par Dieu !!! (T., 42-50.) C'est des droits de ce capital que dépend le seul ordre qui soit vrai : l'ordre qui réalise la justice !

Conséquemment, le simple travailleur a, bien plus qu'un riche oisif, le droit d'élire les législateurs qui règlent les conditions de son travail ; la législation doit lui garantir ce droit plus rigoureusement qu'à l'opulence, et cela sous peine d'iniquité sociale !

En vue d'élire les législateurs, le domicile n'est rien ; le travail est tout.

Est citoyen celui qui est utile à la société ; ne l'est pas celui qui lui nuit par habitude.

Telle est la règle dictée par l'ordre providentiel. En quelque lieu que vous habitiez et de quelque manière que vous vous logiez, si vous travaillez utilement pour la production générale, vous êtes un citoyen utile ! — Dès lors le droit d'élire les législateurs qui règlent les conditions de votre travail est sacré envers vous. — Mais si vous êtes un vagabond, c'est-à-dire un individu qui ne fournissez pas régulièrement à la société votre part de production, vous êtes nuisible, vous n'êtes pas un vrai citoyen : vous ne l'êtes pas plus qu'un riche qui emploie ses capitaux à spéculer aux dépens du producteur et du consommateur n'a le droit de l'être ; car vous faites de la propriété naturelle le même usage subversif que ce riche fait de la propriété légale. (T., 42-50, 212-213.)

Encore une fois, qu'importe le domicile ? Il ne prouve qu'une situation moins pauvre. Mais le plus pauvre, celui qui change le plus souvent de domicile, est ordinairement celui qui produit le plus !... Combien de vastes et somptueux domiciles ne renferment que des citoyens qui, loin de produire, ne savent réaliser leur opulence qu'en spéculant aux dépens de celui qui produit ou de celui qui consomme, et surtout aux dépens de la moralité publique !!!

La loi ne peut tarder à ranger ces derniers parmi les indignes d'élire : ils le sont bien plus que les faillis non concordataires! l'équité législatrice a oublié de les atteindre : elle réparera cette erreur.

On le voit : non-seulement le domicile est de nulle valeur relativement au droit d'élire ; mais encore les cas d'indignité, s'ils étaient tous recherchés, établiraient que le domicile les accompagne presque toujours. Cette assertion va être rendue plus sensible par ce qui suit.

OBJECTIONS.

Les doctrines de privilége feront à ces principes les objections suivantes :

Si le riche ne travaille pas, il fait travailler ; s'il ne produit pas il consomme. Nous avons répondu à ces objections, dans le *Traité des Devoirs*, avec tous les développements qu'elles comportent; nous ne pouvons ici qu'y répliquer sommairement.

Les capitaux employés en industries parasites et subversives qui n'apportent rien à la production générale, paralysent l'industrie et causent la misère sociale! Le chiffre de ces capitaux est énorme! (T., 102, 158-63). Les capitaux utilement employés sont encore bien moins utiles que le travail humain, puisque sans ce dernier le capital argent resterait *sans nulle valeur !*... L'utilité sociale du travail l'emporte donc sur l'utilité sociale du capitaliste, autant que les droits de la propriété du travail, l'emportent sur les droits de la propriété de l'argent! (T., 112-120, et *Socialisme invulnérable*, 20-21.)

Quant à la consommation du riche, la masse des travailleurs ayant ses besoins de *nécessité d'existence* si insuffisamment satisfaits, la société n'a pas besoin de riches pour consommer! Le législateur a, au contraire, pour devoir de rechercher sans cesse attentivement si le superflu de l'opulence ne s'acquiert pas aux dépens des justes droits des industriels et des simples travailleurs (T., 108), qui tous voudraient consommer; mais il ne leur est pas laissé une part suffisante des fruits de *leur* travail! Et cependant c'est de leur consommation que dépend la prospérité de l'industrie nationale!

Celui qui ne sait produire *par lui-même* plus qu'il ne consomme, est à charge à la société : il y a quelque part un misérable qui a produit beaucoup et qui manque du *nécessaire*, parce que cet oisif n'a pas produit sa part de consommation!

Si partout l'industrie est paralysée, faute d'une consommation suffisante, c'est la méconnaissance des droits du travail qui en est seule cause! Assurez l'équitable répartition des fruits du travail et aussitôt la consommation générale rendra l'industrie IMPUISSANTE à satisfaire tous ses besoins!!! C'est ainsi que le *droit au travail* se trouve satisfait!

A tous égards, c'est donc la prospérité de l'industrie elle-même qui fait une loi d'assurer le droit d'élire à tout simple travailleur; car sans ce suffrage le travail reste sans droits; le travailleur est opprimé ; la masse ne consomme pas; et l'industrie reste paralysée.

RAISON DE JUSTICE.

Mais il y a une raison supérieure encore à celle-ci : c'est la raison de justice. Hors de *l'ordre par la justice*, les sociétés n'ont plus à attendre que les dissensions civiles qui conduisent aux catastrophes sociales. Le travail ne peut plus être comme il l'a été jusqu'à ce jour à la merci du bon plaisir ou des entraînements de ceux qui font travailler!... L'avénement des lois providentielles du monde moral est proclamé par tous les faits; malheur aux puissants qui ne sauraient pas le comprendre!

La loi a pour objet d'assurer justice à tous : conséquemment de protéger le faible contre l'oppression du fort; de garantir les droits du travail, à celui qui est né sans trouver d'autre patrimoine que la propriété dont Dieu l'a doté : celle de ses facultés morales et physiques. C'est à celui-ci, c'est au simple travailleur que la loi doit spécialement garantir les droits de sa propriété, de celle du travail; car du jour où les droits de cette propriété sont méconnus, c'est l'existence même du simple travailleur qui est en question, ou sa dignité, sa moralité, ce qu'il y a de plus sacré parmi les humains! Tandis que, envers celui qui, indépendamment de la propriété naturelle dont Dieu l'a doté, jouit encore d'un capital d'argent, d'un patrimoine, comme on dit, envers celui-ci le législateur n'a pas des devoirs si rigoureux. La méconnaissance des droits dont jouit ce dernier ne met ni sa dignité, ni sa vie, ni sa moralité en péril!... Dans la société, celui-ci c'est le fort; l'autre c'est le faible : c'est pour la défense spéciale de ce dernier que la loi est faite!... Voilà l'ordre providentiel! Tels sont les principes indéniables de justice sociale. En dehors d'eux il n'y aurait plus que l'iniquité légale ou l'anarchie!

Défenseurs des doctrines de privilége, il faut le nier, cet ordre providentiel, il faut le nier à la face de Dieu et des hommes, si votre égarement peut le permettre; mais vous ne pourrez le méconnaître longtemps! Les peuples ont aperçu la lumière qui éclaire la table d'airain sur laquelle sont gravées les lois providentielles du monde moral : lois que représente la *doctrine générale* du Socialisme : vous êtes impuissants à effacer ces lois. C'est le doigt de Dieu qui les a tracées! inclinez-vous devant elles. L'heure est décisive ; n'hésitez pas ! N'entendez-vous pas une voix suprême qui répète dans les airs : Malheur à qui ne comprend pas que *l'ordre, c'est la justice, ou ce n'est qu'un odieux mensonge!*

Mais il faut le reconnaître, les doctrines de privilége vous ont démoralisé à votre insu. Elles vous ont accoutumé à répéter cette phrase absurde ou INIQUE :

Celui qui ne possède rien n'a rien à défendre.

Oui, ce n'est pas une calomnie : selon vos doctrines répétées sans cesse, il n'a rien à défendre, celui qui n'a pas de l'or, de l'argent, des maisons, des marchandises et *un domicile !*

Et Dieu qui vous écoute répond : Ils ont à défendre tout ce que je leur ai donné : la liberté, la raison et la vie ; les facultés morales et les facultés physiques destinées à les garantir contre toute oppression ! Ils ont à défendre les conditions de la liberté, qui assure leur moralité ; les droits de la propriété du travail, qui garantiront les femmes contre la prostitution et tous contre la dégradation qu'engendre la misère !... Voilà ce qu'ils ont à défendre, répète la Providence : c'est moi qui le leur ai donné : et il n'y a d'impiété sans égale devant moi que celle qui dit à mes fils : Vous n'avez rien à défendre ! car cette parole impie m'accuse d'avoir placé les plus faibles de mes enfants dans la situation ou le dernier des pères ne voudrait pas laisser les siens !...

Défenseurs des doctrines de privilége, nous avez-vous compris? Reconnaîtrez-vous enfin que vous subissez un entraînement qui fait à votre insu, de vos doctrines un odieux instrument d'iniquité ; car vous n'avez pas la volonté d'être injustes autant que vous l'êtes ! Ah ! ce n'est pas pour nous, c'est pour vous-mêmes que nous vous adjurons de ne toucher au suffrage universel que pour en faciliter l'exercice, que pour le mettre plus qu'il ne l'est en harmonie avec les lois providentielles du monde moral ; car après que la science sociale vous a été manifestée, restreindre le suffrage universel serait un attentat direct contre l'ordre déclaré par Dieu même !

Adversaires des droits du travail, reconnaissez-le donc, et à Dieu ne plaise que nous accusions vos intentions : Les doctrines de privilége sont aujourd'hui le plus audacieux défi porté à l'ordre providentiel ! Avant la Révolution de Février, vous n'alléguiez contre le suffrage universel que l'impossibilité de l'exercer dans les conditions de l'ordre. Et le démenti le plus péremptoire vous a été donné déjà dix fois. Les étrangers sont en admiration devant l'ordre et le calme qui règnent parmi le peuple dans l'exercice du suffrage universel ! Ce peuple s'en acquitte avec plus d'ordre que les deux cent mille privilégiés du cens à 200 fr. n'ont jamais su le faire ! Votre prétexte pour le repousser est donc réduit au néant ! et le peuple ne demande que justice ; il ne veut rien de plus ! Dès qu'il a les moyens de déterminer graduellement, et même lentement, l'ordre par la justice, il se résout à la patience ; il donne l'exemple de l'ordre ! Mais malheur à qui voudrait lui dire : C'est en vain que tu réclameras justice ; tu ne l'obtiendras jamais : tu n'en auras jamais les moyens !

Après avoir prétendu que le citoyen sans domicile n'a rien

à défendre, les défenseurs des priviléges ont dit encore : Le peuple saurait-il exercer utilement son droit ?

Nous pourrions nous borner à répondre que les faits l'ont suffisamment prouvé ; car nous l'avons dit : La raison du peuple français fait aujourd'hui l'admiration des journaux étrangers les plus monarchistes. Tout récemment, en face d'une candidature posée par la réaction comme un symbole de *guerre sociale* (1), le peuple a repondu par le choix d'un candidat aux coutumes aristocratiques. Il a choisi parmi les hommes formés à de telles coutumes celui qui avait prouvé le plus solennellement que l'ère de l'ordre qui réalise la justice est enfin arrivée. Aux provocations du capital-argent, il a répondu ainsi par un candidat de conciliation, par le citoyen Eugène Sue, élevé dans les coutumes des adversaires de la propriété du travail !

S'il est rare que le peuple cherche ses candidats dans cette région sociale, pourquoi est-il si rare d'y trouver des hommes qni aient les notions premières de ce qui est juste dans les rapports sociaux ? Pourquoi est-il si rare d'y trouver des hommes qui veuillent dire avec nous : *Le mot* ORDRE *signifie* JUSTICE, *ou il n'est qu'un odieux mensonge !*

On le sait : toutes les questions qui s'agitent en ce temps sont avant tout sociales. Par le droit de suffrage, il s'agit bien moins d'exercer directement une appréciation politique que de se garantir contre tout genre d'oppression. Il s'agit de défendre son droit à l'existence ; il s'agit de défendre sa liberté de conscience jusqu'envers ces patrons qui enlèvent le travail et le pain à ceux qui ne votent pas pour leurs priviléges !!! il

(1) Langage des journaux *l'Assemblée nationale*, *la Patrie*, etc.

s'agit de garantir les conditions de sa liberté pour se préser-
ver de la dégradation morale que les doctrines de privilége
ont rendue si générale !!! Le droit de suffrage, c'est pour le
simple travailleur le seul moyen de se protéger contre l'abus des
droits de ceux qui le font travailler ; c'est le droit de partici-
per à l'élection des législateurs qui prononcent sur les conditions de son travail ; c'est le droit de ne pas laisser choisir tous
ses juges par ceux qui ont intérêt à l'opprimer, par ceux qui
l'oppriment sans cesse, sans s'en apercevoir, par entraînement de situation et malgré les protestations les plus con-
stantes.

Pour le fermier et le locataire, le droit de suffrage, c'est
l'unique moyen d'obtenir des lois qui ne les laissent plus à la
merci de l'égoïsme des propriétaires ; car lorsqu'ils disent à
ce propriétaire : « Vos prétentions consomment la ruine de ma
famille ; soyez donc équitable envers celui dont le travail fait
votre revenu ! » Alors le propriétaire répond : « Vous êtes un
anarchiste, un socialiste, un communiste : sachez que je suis
dans l'ordre ; car la loi autorise ce que j'exige de vous, et elle
ne vous permet pas de me faire les observations que vous m'a-
dressez ! Voilà l'ordre ! »

Le droit de suffrage c'est l'avertissement aux législateurs
de préciser la pensée de la loi, de prévenir l'*arbitraire légal*,
cet odieux moyen de gouvernement, inventé par les pouvoirs
qui oppriment sous le masque de la liberté.

Le droit de suffrage c'est la garantie de chacun contre ces
étranges interprétations qui dépouillent la loi de son esprit de
justice, pour en faire l'instrument d'un parti persécuteur.

Pour le père et pour le frère, le droit de suffrage, c'est le seul
moyen de garantir leurs filles et leurs sœurs contre les effets

d'une législation qui les abandonne à la merci de l'égoïsme des hommes et à une misère qui engendre la prostitution !

Enfin, lorsque les partis défenseurs des priviléges proclament la *guerre sociale,* plus que jamais le droit de suffrage est pour tous l'unique moyen de défendre la propriété naturelle dont Dieu nous a dotés ; c'est l'unique moyen de la défendre contre les dominations qui ont engendré partout une effrayante démoralisation ; et c'est le premier des devoirs envers Dieu, qui nous impose de défendre ce que Dieu nous a donné, en père bienveillant, comme une parcelle de sa divine nature !

Le droit de suffrage est donc devenu un acte religieux, fondement de toute justice sociale. Conséquemment, l'exercice de ce droit est facile : les faits l'ont d'ailleurs prouvé de tout temps.

Même sous le régime du cens, combien d'électeurs connaissaient à peine de nom le candidat adopté. N'importe, on votait pour lui avec confiance, parce que chacun appartient à un parti ; ce parti a ses directeurs, ses agents et ses organes, chargés de s'enquérir du candidat convenable et de le désigner. S'il y a plusieurs candidatures en présence, c'est qu'il y a plusieurs nuances d'opinion, et chacune de ces nuances a ses directeurs, ses agents et ses organes ; il n'y a pas de candidat sérieux qui n'ait l'appui des organes d'un parti plus ou moins considérable. Le choix du candidat n'est donc pas le fait *direct* de l'électeur : il est celui des hommes de sa confiance qui désignent ce candidat, après avoir été eux-mêmes choisis par lui comme ses délégués (1).

(1) On ne saurait inférer de ces considérations que nous reconnaîtrions

Dans cette situation, rendue encore plus sensible dans l'exercice du suffrage universel, que ferait une restriction quelconque apportée au droit de suffrage par les conditions du domicile? Elle ne ferait qu'enlever au parti qui défend les droits de la propriété du travail le plus grand nombre des voix de ses adhérents; ce serait dire à ce parti : Nous te mettons hors la loi, nous te décapitons; tu ne pourras t'appuyer que sur la moitié de ceux dont tu défends les droits : nous leur interdisons de voter! Voilà la réalité en justice sociale! car chaque simple travailleur doit son vote au parti chargé de défendre les droits de la propriété du travail. Ce parti représente les intérêts de tous les simples travailleurs; il ne peut être dépossédé de ses droits sans un acte d'iniquité sociale dont les conséquences seraient inévitables. Cette iniquité serait sans nom lorsque les adversaires des droits du travail poussent sans cesse le cri de guerre sociale; lorsqu'ils ont déclaré impossible l'ordre par la justice! lorsqu'ils excitent le pouvoir à user de la force matérielle et de l'arbitraire le plus étrange contre tous ceux qui représentent les droits de la propriété du travail; lorsqu'enfin les organes du pouvoir ont oublié leur premier devoir jusqu'à s'unir à ceux qui déclarent la guerre aux défenseurs de *l'ordre qui réalise la justice!* Et cela en présence de l'attitude exemplaire d'un peuple qui ne demande que justice!

le vote à deux degrés *institué par la loi.* Ce dernier aliène le droit du peuple; il constitue un corps privilégié, puisque lui seul élit définitivement : tandis que, par le suffrage universel direct, le peuple entier conserve son droit; jusqu'au dernier moment chacun peut protester contre le choix des délégués et leur en dicter un autre au besoin. Tel est le seul exercice véritable du suffrage universel.

Ces considérations ont pu échapper à ceux qui n'ont pas compris que les questions du temps sont toutes sociales, quelque politiques qu'elles puissent être par les moyens appelés à les résoudre. Partout c'est une question de justice, une question d'équité ou d'iniquité sociale qui se rattache à l'exercice du suffrage universel. C'est en vain qu'on tenterait de le méconnaître. Les nécessités de l'ordre sont les premières à le proclamer : croire en ce temps à la possibilité d'établir l'ordre en dehors de la justice, c'est afficher un degré de démoralisation que rien n'égale, si ce n'est le ricanement satanique qui accueille dans certaines assemblées le rappel aux sentiments d'humanité.

Les pouvoirs fondés sur un privilége électoral, ayant tous pris fait et cause contre les droits de la propriété du travail, Napoléon (le Grand), lui-même, ayant dit : « Les oligarchies ne changent jamais parce qu'elles ont toujours les mêmes intérêts, » le droit de suffrage garanti à tous est le seul moyen de préparer le règne de la justice !

Nul ne peut être réduit à rester sans défense dès que des intérêts opposés aux siens menacent de l'exploiter. L'enfant, jusqu'à l'âge de majorité, est protégé par l'amour de ses parents. La femme a pour protecteur son mari, son frère, ses proches, la loi lorsqu'elle sera juste à son égard : le simple travailleur seul resterait sans protection à la merci de l'entraînement oppresseur des droits de ceux qui règlent ses conditions d'existence ! car ce sont eux qui éliraient les législateurs ! Est-ce sérieusement qu'on pourrait le prétendre aujourd'hui ? Et interdire le droit de suffrage à celui qui est sans domicile légal serait-ce rien de moins que cette prétention !!!

Telle est cependant la question posée par la prétention de

changer la loi électorale. Sur un tel sujet, si la protestation du peuple n'épuisait pas les moyens que la légalité lui accorde, il fournirait par cette abnégation coupable la seule raison que ses adversaires pourraient faire valoir contre lui! Sa protestation doit être d'autant plus prudente et d'autant plus ferme, en présence du système d'impostures adopté par une certaine presse qui veut dénaturer tous les actes du suffrage universel.

N'a-t-on pas prétendu que l'élection du citoyen de Flotte était une glorification de l'insurrection? et cependant qui ne sait qu'il n'a pu être prouvé que le citoyen de Flotte ait pris part à l'insurrection ! Si cette preuve avait pu être faite, on ne lui aurait pas *refusé des juges!* D'ailleurs, les paroles si fraternelles adressées *à tous* par le citoyen de Flotte, dès qu'il fut choisi candidat, ces paroles, expression d'un noble cœur, disaient assez haut, après les déclarations formelles de la presse socialiste, que son élection signifiait uniquement *justice!* Et c'est en représailles de cette élection honorable que les prétendus modérés n'ont pas craint de porter un candidat déclaré hautement par leurs principaux organes, être le symbole de la *guerre sociale !!!*

C'est après de tels faits qu'ils viendraient prétendre au monopole du droit d'élire !!!

Mais ne voyez-vous donc pas, partisans des priviléges, que dans votre camp on n'a plus la notion du juste et de l'injuste : on n'y a plus que la fièvre de la révolte contre l'ordre providentiel. Ah ! craignez-en les accès !

La révolution de Février, accomplie inopinément par un effet tout providentiel, est venue déchirer le voile qui empêchait de reconnaître l'absurde combinaison de vos doctrines économiques. Elles sont l'obstacle à toute prospérité indus-

trielle, parce que vous prenez pour point de départ des priviléges qui sont la négation de l'ordre providentiel des sociétés ;
et cet ordre est le seul qui assure sans difficulté la prospérité
croissante de l'industrie par la consommation générale.

Pour empêcher le peuple de le reconnaî re, vos organes
s'efforcent, après chaque élection démocratique, de pousser à
l'émigration des étrangers et des riches, à l'avilissement du
taux des effets publics. Les articles de vos journaux sont là
pour marquer vos actes dans l'histoire par une flétrissure in-
délébile !

De tels moyens ne vous disent-ils donc pas que vous travaillez dans l'iniquité sans vous en apercevoir : que vous êtes
révoltés contre Dieu, parce que vous l'êtes contre les plus justes
droits du peuple !

Ah ! revenez, il en est temps encore ; nous vous en adjurons
pour vous-mêmes ; craignez un pas de plus, il nous placerait
sur la pente terrible où le char des révolutions roule, malgré
tous les efforts, sur les audacieux qui ont rêvé de fouler aux
pieds la justice et les lois providentielles du monde !

Le peuple défend cette justice : il saura la sauver avec les
armes de l'ordre moral que la Providence lui a départies !
Car nous vous le répétons : il ne veut que justice ; il ne veut rien
de plus. Mais il ne peut accepter rien de moins que les moyens
d'arriver graduellement à la justice. Ce moyen est unique :
c'est le droit de suffrage ! Cessez donc un imprudent défi qui
s'adresse encore plus directement à la Providence qu'il ne
s'adresse au peuple ! et à tous les simples travailleurs !

Mais pour nombre d'entre vous, nous le sentons, ce langage est le coup de tonnerre qui réveille en sursaut celui qui
s'est endormi dans le calme. Pour nombre d'entre vous, la

science sociale est restée incomprise ou dédaignée. Ils ne l'ont peut-être rencontrée que partiellement et dans les systèmes spéciaux de quelques sectes dont le langage et les formules pouvaient leur inspirer des alarmes : Qu'ils se rassurent ; et pour dissiper leurs craintes, qu'ils relisent la science sociale dans l'exposition qui en est faite par les *Amis de l'ordre qui réalise la justice.* Il ne leur sera plus possible alors de la méconnaître. Là tout se résume dans les lois providentielles du monde moral. Tout est réuni dans un simple volume, intitulé : *Traité des Devoirs de l'homme et du citoyen ;* et dans une théorie sommaire appelée : LE SOCIALISME INVULNÉRABLE , *science sociale du peuple.*

Dans ces écrits on trouve la preuve irrécusable que la *doctrine générale* du Socialisme n'est rien de moins que la théorie et l'application des lois providentielles du monde moral. Cette doctrine n'est point la pensée particulière d'une nouvelle école ; elle n'est rien de moins que la pensée générale qui lie toutes les écoles sociales et forme l'unité du Socialisme. (T., 239-260.)

Cette démonstration de la science sociale comme loi providentielle du monde moral, met au néant toutes les calomnies à l'aide desquelles on a fait méconnaître à un grand nombre la pensée de justice sociale qui est l'essence même du Socialisme. Elle leur prouve que la morale et la glorification du Dieu de justice ne sauraient plus être trouvées en dehors de cette *doctrine générale !*

Et ceci n'est point une pure allégation. Il y a déjà du temps que les principaux organes de la réaction ont reçu le *Traité des Devoirs de l'homme et du citoyen,* accompagné d'une lettre de la Société littéraire qui l'a produit : et aucun d'eux n'a pu y trouver la matière d'une objection fondamentale! S'ils l'avaient pu, ils se seraient hâtés de confondre ces nouveaux moralistes du Socialisme. Mais les organes de la réaction n'ont pu trouver d'argument sérieux contre la doctrine d'ordre moral présentée comme le principe qui inspire toutes les écoles sociales : ils ont dû respecter cette doctrine. Ils se sont dit : Taisons-nous ; laissons ignorer à nos adhérents une doctrine qui dégage le Socialisme de tout ce qu'on pourrait qualifier d'utopie. Faisons silence. Et pendant ce temps hâtons-nous, par un effort suprême, d'enlever le suffrage universel par quelque moyen détourné ; qu'importe ensuite que le Socialisme apparaisse comme l'expression pure des lois providentielles du monde moral. Nous aurons le monopole du droit d'élire ; nous baillonnerons la presse qui nous est défavorable, et nous serons toujours les dominateurs ! si le peuple nous laisse faire ! Mais il est si débonnaire au fond, cet excellent peuple, qu'en l'étourdissant par l'audace des calomnies propagées contre la République, on parviendra peut-être à l'intimider !

De l'audace et toujours de l'audace, voilà la tactique que révèlent les actes des principaux organes de la presse réactionnaire ! C'est aux législateurs qu'il appartient de prononcer ; c'est à eux de déclarer si la loi sera dictée par les principes de justice sociale, ou si tout est abandonné de nouveau à la force matérielle et aux moyens de corruption. Dieu et le peuple sont dans l'attente ; mais Dieu fait entendre sa voix, qui répète par toute la France : Peuple, aie confiance ; aide-toi, le ciel t'aidera ; et les peuples auront enfin justice !

REMARQUE.

Si l'industrie est paralysée, c'est justement par l'inquiétude que répandent les conspirations ourdies contre l'exercice du suffrage universel et contre l'ordre légal établi par les pouvoirs fondés sur ce suffrage. Si le respect dû à la Constitution avait été dicté par la conduite des organes du pouvoir, jamais la prospérité industrielle n'aurait été plus satisfaisante. Ce qui le prouve, c'est l'activité conservée à tant de branches de l'industrie, malgré les efforts de la presse réactionnaire pour répandre l'alarme et paralyser le commerce ! Les faits sont là ; ils sont nombreux et authentiques ; ils sont acquis à notre cause ; aucune force matérielle n'a le pouvoir de les effacer ; ils seront le stigmate de la réaction monarchique !

Le plus intéressé à l'ordre sous un régime de justice sociale, ne l'oublions jamais, c'est le simple travailleur : les faits de ces derniers temps l'ont suffisamment prouvé.

P. S. Avec la dernière épreuve de cet écrit on nous apporte le projet de loi qui vient d'être présenté sur le domicile électoral. Nous l'avouons, les suppositions étaient peu de chose devant la réalité. Ce projet de loi dépasse tout ce que l'imagination pouvait concevoir en ce genre. De tels projets ne se discutent pas ; on se borne à les dénoncer à l'opinion comme à la majorité du pouvoir législatif ! Mais on ne peut les lire, comme Français, sans être pénétré d'un sentiment d'humiliation ! Faire dépendre le domicile de la déclaration du propriétaire ou du patron, c'est ajouter un privilége à ceux du capital-argent. Au lieu de préparer l'affranchissement de l'industrie et du travail, c'est en faciliter l'oppression !!! Voilà les *progrès* qu'on propose en vue de l'ordre qui réalise la justice !.... Tel est donc le génie des savants du régime monarchique ! On ne s'étonnera plus *nulle part* de l'avénement du socialisme. Nous aurions compris que les hommes politiques qui accusent ouvertement la Constitution dans leurs journaux, vinssent, comme le citoyen La Rochejaquelein, demander l'appel au peuple sur cette Constitution : le courage d'une conviction consciencieuse eût pu alors faire pardonner un étrange aveuglement. Mais renverser les fondements du pacte constitutionnel par une mesure captieuse qui veut feindre la légalité ; mettre hors la loi constitutionnelle par un tel moyen des millions de travailleurs dont le labeur produit la richesse nationale ; agir ainsi lorsqu'on tient ses pouvoirs du SUFFRAGE UNIVERSEL, c'est. . . . .
. . . .

En vue de rappeler aux adversaires de la démocratie les principes fondamentaux de la doctrine générale du Socialisme, nous allons donner quelques extraits du *Socialisme invulnérable*, relatifs à l'ordre moral et à l'ordre industriel.

. . . .
Le Socialisme s'arrête à considérer le monde physique et l'univers ; il admire cet ordre ou cette justice qui y dispense les rôles et y satisfait à tous les besoins de chaque être en réalisant une harmonie sublime. Il y reconnaît l'intelligence et la puissance infinies de Dieu. Il voit en Dieu le principe d'ordre éternel ou d'éternelle justice. Il se dit : Dans le monde physique ou matériel, qui ne pense pas et n'a pas de volonté, Dieu a *imposé* à chaque être le rôle qu'il doit remplir ; le soleil revient chaque matin fournir la lumière ; la terre produit les aliments ; chaque simple animal a son utilité comme ses moyens de défense et de subsistance ; chaque être du monde physique est obligé par sa nature au rôle qu'il remplit. L'harmonie ou l'ordre, l'équilibre des forces de ce monde, est établie directement par Dieu.

Pour l'être humain, qui est formé d'une nature physique et d'une nature morale, pour lui, qui est doué de la faculté d'avoir et de développer des idées, de penser et de comparer, de juger et de se décider librement selon sa volonté ou sa raison, pour l'être humain Dieu n'a rien imposé touchant l'ordre moral ; il l'a laissé libre d'agir à son gré ; il l'a doué de toutes les facultés nécessaires pour : 1° le garantir contre toute oppression et toute misère par l'association ; 2° lui assurer des moyens d'existence en fertilisant la terre par le travail ; 3° développer indéfiniment son être moral par l'enseignement et la culture de la raison, afin de lui permettre de se rapprocher du principe divin dont son intelligence émane. L'harmonie ou l'ordre, qui, dans le monde moral, signifie JUSTICE, est donc l'œuvre facultative de l'homme. Elle dépend de l'équilibre des forces qui forment ce monde, de la pondération établie dans l'exercice des droits de tous par l'action des rapports corrélatifs qui subsistent entre les droits et les devoirs naturels, sociaux et politiques. (T., p. 20-24.) Le premier devoir de l'homme est donc de glorifier Dieu en faisant de ses facultés un usage qui réalise dans l'ordre moral l'ordre sublime que nous admirons dans le monde physique. Ainsi, non-seulement, ce qui est juste est possible, mais tout ce qui est juste est un devoir irrécusable ; les facultés suprêmes émanées de Dieu et dont il nous a doués nous fournissent tous les moyens de réaliser ce qui est juste. Si nous le négligeons, nous dédaignons ce qui nous rattache le plus directement à Dieu, ce qui peut nous rendre dignes de lui ; nous commettons une impiété, nous nous révoltons contre l'ordre providentiel du monde !

Se préoccuper sans cesse de ce qui peut réaliser la justice providentielle, avoir la crainte continuelle d'y faire obstacle par l'abus de ses droits, voilà pour le socialiste le premier acte du culte, le plus digne hommage que l'on puisse offrir à Dieu ! Et comme la justice de Dieu assure le bien-être de tous, c'est ainsi qu'on travaille efficacement à procurer à soi-même la plus complète satisfaction des besoins moraux et matériels par la pratique des devoirs qui correspondent à chaque droit. (T., 34.)

. . . .

MOREL. — En effet, le Socialisme n'est que l'application du véritable christianisme tel que l'Evangile l'enseigne et appelle le développer (T., 239 241.). Vous voyez donc combien nous sommes religieux et combien notre foi religieuse ne peut que s'affermir et se développer avec les progrès de la raison, puisque c'est la raison elle-même qui nous la dicte !

. . . .

LE CAPITALISTE. — Je consens à admettre ces assertions. Il n'en reste pas moins constant que les écoles socialistes ne sont pas d'accord, car plusieurs d'entre elles émettent encore des propositions utopiques et même subversives que vous ne pouvez adopter.

MOREL. — L'avénement du règne de la justice alarme tellement certains partisans des priviléges, qu'on s'efforce de calomnier le Socialisme pour épouvanter les populations : on le pose pour ce qu'il n'est point avec une audace sans exemple. Permettez-moi d'exprimer ma réponse à votre objection par une comparaison prise dans l'industrie : Lorsque la nouvelle saison approche, monsieur votre fils, qui est fabricant de châles, que fait-il ? Il appelle ses dessinateurs et il leur demande des dessins qui puissent le mettre à même de soutenir la concurrence. Les dessins faits, le fabricant les examine. — Il n'y a pas encore un mois que j'étais, en ma qualité de fournisseur de la maison, dans le cabinet de monsieur votre fils lorsqu'il étudiait

les nouveaux dessins ; et il disait à l'un de ses dessinateurs :
Votre travail est très-élégant, mais il est d'une originalité trop
complète ; on n'osera pas l'adopter ; il faut, par quelques mo-
difications, le rattacher au genre que l'on consomme généralement. L'année suivante, nous pourrons probablement adopter
votre idée telle que vous la présentez. A un autre dessinateur,
j'entendis monsieur votre fils faire cette observation : Votre
dessin plaira à tout le monde ; mais c'est une utopie subversive ;
je me ruinerais à l'exécuter ; il faut le réduire à des proportions
plus pratiques. A un troisième dessinateur, j'entendis faire des
observations d'un autre genre ; et, pour conclusion, le fabricant
tenant tous les dessins réunis sous ses yeux empruntait à chacun
l'idée la plus facilement réalisable et la plus féconde ; il formait
ainsi des dessins d'une exécution avantageuse, qu'il tâchait de
faire comprendre à ses dessinateurs chargés de les formuler.

En observant ce fait, je songeai au Socialisme. Le Peuple,
frappé par l'injustice, accueille avec empressement les plans
des réformateurs sociaux. Il les éprouve et il fait comme le
fabricant de châles pour les dessins préparés par ses dessinateurs. Il ne lance pas anathème à ceux qui lui apportent
des plans utopiques ; il sait que leur désir est de lui être utile. Il
les remercie et les encourage, et il tâche de leur faire comprendre
ce dont il a besoin dans le présent, en recueillant dans le plan de
chacun d'eux les réformes réalisables qui peuvent améliorer son
sort. Voilà comment les utopies socialistes ne nuisent nullement
à l'unité et à la fécondité du Socialisme. Il n'y a que ceux qui
ont peur du règne de la justice, ceux qui placent au-dessus de
tout l'intérêt de leurs priviléges, qui s'efforcent de montrer l'a-
narchie dans les utopies sociales : ne pouvant discuter sérieusement, ils s'efforcent de calomnier. De tels moyens révèlent la
pensée de ceux qui les emploient ; ils leur seront de plus en plus
funestes.

. . . .

LE CAPITALISTE. — Vous proclamez le droit au travail, que
je serais très-porté à admettre aussi s'il était possible de le satisfaire ; mais comment assurerez-vous des débouchés aux produits
et du travail à tous ?

MOREL. — Les doctrines de privilége ont égaré les esprits les
plus éminents jusqu'à leur faire méconnaître les principes aussi
simples qu'irrécusables qui assurent le bien-être de tous par les
nécessités de l'industrie.

Quel que soit le chiffre de la population d'un pays, tout le problème économique consiste à produire autant qu'on a besoin de consommer, et à consommer tout ce qu'on produit!... Ce dernier effet ne saurait manquer, si la législation garantit à chacun une part équitable des fruits de son travail. Quiconque n'est pas dans l'opulence est porté à dépenser plus qu'il ne gagne!... L'opulence seule ne dépense pas tous ses revenus ; elle en emploie une grande partie à spéculer aux dépens du producteur et du consommateur. Ce qui prouve la fausseté des systèmes économiques soutenus par les doctrines de privilége, c'est que *les débouchés ont manqué partout à l'industrie, pendant que les trois quarts de la population étaient et sont encore insuffisamment nourris et vêtus!*... Cette contradiction révoltante est le résultat de l'injuste répartition des fruits du travail, par suite d'une législation qui tient le travail sous la domination du capital. (T., p. 67 à 88.)

Assurez la consommation générale à l'industrie, et l'industrie sera même impuissante à produire selon les besoins de la population. *Ce sont les bras et non le travail qui manqueront partout.* LE DROIT AU TRAVAIL SERA AUSSITÔT SATISFAIT : il ne doit l'être, en principe, que par de tels moyens. (T., p. 46-48, 99-102.)

. . . .

Le capitaliste pressure l'industriel par des loyers exorbitants (T., 84), par l'accaparement des matières premières, qu'il lui revend à gros bénéfices, par la concurrence anarchique à laquelle il le laisse exposé, par l'abus de cent priviléges que lui assure la législation (T., p. 66-89), par les gros intérêts des capitaux, par les frais d'une justice dont la procédure est toujours ruineuse pour le plus faible et par le manque d'une consommation suffisante. L'industriel, pour résister à ces causes de ruine, se voit réduit à exploiter le simple travailleur, à spéculer sur l'abaissement du prix du travail ; et ainsi la masse est dans l'impossibilité de consommer suffisamment ; par suite, la consommation générale fait défaut de plus en plus à l'industrie. Les magasins sont remplis de marchandises qui ne peuvent se vendre faute d'acheteurs.

Vous nous dites de soutenir ceux qui sont riches parce qu'ils dépensent. Mais quelle erreur est la vôtre ? Venez visiter les appartements de tous ces riches, vous verrez qu'ils sont fournis de tout en abondance. Pour les faire acheter, il faut exciter leur vanité par les prodiges de la nouveauté et d'un luxe démoralisateur ; tandis que si vous venez dans les maisons des simples travailleurs qui sont *cent fois plus nombreux,* vous verrez que tout y manque. Dès que 50 francs y arrivent, ils sont aussitôt dépensés ; ils en dépenseraient 1,000 pour mieux vêtir leur femme et leurs enfants, pour mieux meubler leurs logements, pour mieux se nourrir et mieux s'instruire, ce qui ferait la richesse de l'agriculture autant que celle des industriels et des artistes!... Mais ils ne peuvent dépenser : on leur laisse une si faible part des fruits du travail !...

L'industrie reste donc paralysée par l'appui qu'elle a donné stupidement jusqu'à ce jour aux droits de l'opulence contre les droits de la propriété du travail, ce qui n'empêche pas les doctrines de privilége et les journaux de ce parti de répéter sans cesse : ce sont les riches qui dépensent; oui, ils dépensent, parce que seuls ils recueillent les fruits du travail ; mais ils dépensent, généralement, d'une manière corruptrice ou improductive, parce qu'ils jouissent d'un superflu considérable; tandis que le simple travailleur dépensera toujours rapidement et d'une manière féconde, vu ses besoins, lors même qu'on pourrait doubler son salaire ou sa part, ce qui sera de longtemps impossible. (T., 103-106.)

. . . .

MOREL. — Les droits du travail sont inséparables de ceux de l'industrie ; dans l'association ils se confondent; et ils ont été méconnus, les uns comme les autres, jusqu'à ce jour. La satisfaction des droits de l'industrie et du travail affranchit l'industriel, l'agriculteur et le commerçant, des charges injustes que j'ai mentionnées précédemment.......; la satisfaction de ces droits leur permet donc d'être équitables envers le simple travailleur. Mais il y a plus : dès que la consommation générale sera garantie à l'industrie, chaque industriel fera beaucoup plus d'affaires sans accroître ses frais généraux ; tous ces avantages compenseront largement l'accroissement de la part que l'industrie devra faire au travail. (T., p. 47.)

LE CAPITALISTE. — Vous oubliez ce qu'impose la concurrence étrangère.

MOREL. — Nullement; mais c'est à tort qu'on s'en fait un épouvantail. Ce qui le prouve, c'est que dans les articles pour lesquels nous ne craignons pas la concurrence, généralement, le travail n'est pas mieux partagé. (T., 106-112.)

La richesse nationale réside uniquement dans le chiffre de la production, dans la proportion de ce chiffre avec celui de la population. Quant aux capitalistes qui dispensent les capitaux de circulation, on n'a nullement besoin d'eux pour cette fonction qu'ils monopolisent. Avec une banque d'Etat, démocratiquement organisée et ayant un comptoir dans chaque arrondissement rural, ces capitaux seront infiniment mieux à la portée de tous, plus abondants et à meilleur marché, que les intérêts des capitalistes ne leur permettraient jamais de les établir, même avec la liberté des banques, dont l'abus redoutable s'exerce aux dépens de l'industrie générale.

N. B. Il faut signaler partout les principaux organes du parti qui déclare la guerre à la *doctrine générale* du Socialisme, et qui soutient ainsi l'iniquité dans les rapports sociaux. Ces journaux sont : *l'Assemblée nationale, la Patrie, le Constitutionnel, le Journal des Débats, l'Univers, l'Union, le Journal des Villes et des Campagnes* et *le Messager de la Semaine,* organe de la coalition générale.

L'auteur se met à la disposition de toute société qui désirerait combattre ou discuter de vive voix la *doctrine générale* du Socialisme.

Sommaire du Traité des Devoirs de l'Homme et du Citoyen.

Introduction. — Régime de liberté ; ses premiers essais ; libertés de monopole ; méconnaissance des devoirs dictés par ce régime. — Théorie des rapports corrélatifs qui subsistent entre les droits et les devoirs, ou loi providentielle du monde moral. — Devoirs religieux et sociaux ; faux devoirs ; les devoirs ne seront plus une peine ; du principe d'autorité. — Formation des capitaux ; propriété naturelle et propriété légale ; capital-travail et capital-argent ; comment satisfaire le droit au travail? — Nécessités de l'ordre. — Causes de la démoralisation dans toutes les classes. — Priviléges subversifs de l'ordre moral et acquis au capital-argent par la législation. La souffrance, la misère, l'aumône. — Comment détruire la misère? Nécessités de l'industrie et son organisation. — Devoirs : de la presse, des partis, du citoyen, des gouvernants (justice gratuite établie), des législateurs, des démocrates, des nations, des propriétaires envers les fermiers et les locataires, des simples travailleurs, de l'opulence et des lumières, des associations, de la famille, des femmes envers l'intérêt public, des femmes démocrates, de l'instituteur, des patrons, des employés, des maîtres, des apprentis et des serviteurs. — Définition du Socialisme. — Appel aux écoles sociales, aux nations, aux banquiers et aux chefs des armées européennes. — De l'enseignement, réponse à M. Thiers.

TRAITÉ
DES DEVOIRS
DE L'HOMME ET DU CITOYEN

EXPLIQUÉS

PAR LEURS RAPPORTS CORRÉLATIFS AVEC LES DROITS NATURELS
SOCIAUX ET POLITIQUES

Par L.-P. RICHE-GARDON

Ancien fondateur et rédacteur en chef de *l'Observateur Hellénique*, organe des
populations chrétiennes en Orient;

Avec le concours d'une société des Amis de
l'ordre qui réalise la justice.

1 VOL. IN-8°, 320 PAGES DE 2000 LETTRES CHAQUE.

PRIX : 2 FR. 50 c.

N. B. — *C'est en vue de propager l'étude des devoirs qui correspondent aux droits de chacun que cet ouvrage est vendu à un prix
si inférieur à ceux en usage dans la librairie.*

LE

SOCIALISME
INVULNÉRABLE

SCIENCE SOCIALE DU PEUPLE.

ORDRE MORAL, ORDRE INDUSTRIEL, ORDRE POLITIQUE.

Dialogue entre un capitaliste et un industriel.

PAR LE MÊME AUTEUR.

PRIX : 10 CENTIMES.

Paris.—E. De Soye, imprimeur, rue de Seine, 36.